Matar no es asesinar

Título original: *Killing no murder*
(1657)

Pepitas de calabaza s. l.
  Apartado de correos n.º 40
  26080 Logroño (La Rioja, Spain)
  pepitas@pepitas.net
  www.pepitas.net

© De la presente edición: Pepitas ed.
Traducción: © Diego Luis Sanromán

isbn: 978-84-18998-70-6
Dep. legal: lr-35-2024

Primera edición, junio de 2024

Edward Sexby

(bajo el seudónimo de William Allen)

Matar no es asesinar

Brevemente examinado
en tres cuestiones

Traducción del inglés de
Diego Luis Sanromán

Killing no Murder;

Briefly Difcourfed in

Three QUESTIONS.

By *WILLIAM ALLEN.*

And all the People of the land rejoyced, and the City was quiet, after that they had flain Athaliah with the fword. 2 Chron. 23. 21.
Now after the time that Amaziah did turn away from following the Lord, they made a confpiracy againft him in Jerufalem, and he fled to Lachifh; but they fent to Lachifh after him, and flew him there. 2 Chron. 25. 27.

Reprinted in the Year, 1689.

NOTA DE PRESENTACIÓN

Atribuida a GUY DEBORD
(Julio de 1980)

EL PANFLETO DE SEXBY es uno de los textos más famosos producidos por la revolución inglesa que tuvo lugar entre 1640 y 1660. Es, tras las obras de Maquiavelo, La Boétie y algunos otros, un clásico de la crítica de la dominación. Su originalidad radica, en primer lugar, en el hecho de estar explícitamente dirigido, al contrario que sus precedentes, contra un tirano con nombre y apellidos, al que se incita a dar muerte sin contemplaciones y por cualquier medio disponible; y, por otro lado, en el hecho de que ese tirano particular es el prototipo de la línea principal del jefe del Estado moderno ilegítimo, del *recuperador* que ha establecido su poder reprimiendo una revolución social cuya dirección había asumido en un principio. En este sentido, el breve reinado de Cromwell prefigura a la vez los de

Robespierre o Lenin y los de sus sucesores, perpetuamente inseguros, tanto Bonaparte como Stalin y sus vástagos.

Killing no murder, impreso en los Países Bajos en 1657, mezcla los más certeros análisis de Maquiavelo (imputados hábilmente, por otro lado, y no sin razón, al enemigo por abatir como sus únicas guías de conducta) con ese lenguaje bíblico que caracterizó a la revolución burguesa en Inglaterra, del mismo modo que después el estilo de los «romanos resurrectos» habría de convertirse en la marca de la gran Revolución francesa. El tono de este panfleto se encuentra en el origen de toda una corriente de la literatura inglesa posterior, la única que no conoce equivalentes en el extranjero, que va de Swift a Junius, y que también llega sin duda, transformada en un ejercicio de humor estético, hasta el Thomas de Quincey de *El asesinato considerado como una de las bellas artes*. Sexby fue traducido al francés en 1658 por Carpentier de Marigny, un frondista de la banda del cardenal de Retz, que también se encontraba en el exilio tras su evasión de la cárcel de Nantes y que estimaba oportuno aplicar a Mazarino el mismo razonamiento que condenaba a Cromwell. En Francia, *Matar no es asesinar* se reimprimió después de 1793, y de nuevo en 1804, aunque la policía de Bonaparte secuestró de inmediato la edición. El texto apareció más tarde en sendas antologías, sin que sufriera percance alguno: *Les Apologistes du Crime*, de Charles Détré (París, 1901), y *Des Révolutions d'Angleterre à la Révolution française*, de Olivier Lutaud (La Haya, 1973).

Ciertamente puede afirmarse que un libro que trata de la relación natural entre el ciudadano y el tirano ha perdido gran parte de su actualidad con los recientes progresos de la sociedad mundial, debido a la desaparición casi completa del ciudadano. Pero también cabe pensar que compensa tal pérdida, y con creces, debido a la proliferación cancerosa de la tiranía; esta tiranía de hoy, tan insolentemente superdesarrollada que muy a menudo puede incluso otorgarse el título de Protectora de la Libertad; tan minuciosamente impersonal, y que con tanta facilidad se encarna en la persona de una única vedete del poder; esta tiranía que elige cómo deberán cuidarse sus súbditos y, al mismo tiempo, qué enfermedades deberán contraer; que fija el triste modelo de su hábitat y el grado exacto de la temperatura que deberá imperar en él; la apariencia y el sabor para que guste una fruta, y la dosis conveniente de química que habrá de contener; y que, en fin, se ha dotado del poder de desafiar una verdad tan resplandeciente como el mismo sol, y hasta el testimonio de vuestros pobres ojos, al obligaros a admitir que sin duda es mediodía a las diez de la mañana.

El coronel Sexby fue oficial del ejército que el Parlamento de Inglaterra reclutó para librar la guerra civil contra el rey. Cuando el pueblo, el ejército revolucionario y el mando se enfrentaron sobre la cuestión de cuáles debían ser las consecuencias sociales de su victoria, Sexby tomó partido por los Niveladores, que cuestionaban la propiedad existente al exigir para todo inglés el derecho a autogobernarse. Como delegado de un regimiento, Sexby fue uno de los que más violentamente se opusieron a Cromwell en el Debate del Ejército, que tuvo lugar en Putney entre octubre y noviembre de 1647: «Hay muchas gentes sin propiedades que, honestamente, tienen tanto derecho a disponer del privilegio de decidir como quienes poseen grandes propiedades. Francamente, Señor, a vos que queréis dejar para más tarde esta cuestión y pasar a otra diferente, me permito deciros —y apelo a todos los demás— que ninguna otra cuestión puede arreglarse antes que esta; pues sobre esta base tomamos las armas y sobre esta base nos mantendremos. Vayamos a esos desgarros, a esas divisiones que de tal suerte habría de provocar yo. Pues sí, como individuo aislado, si tal fuera el caso, podría echarme a tierra para que me pisotearan; pero lo cierto es que me envía un regimiento». Tras la derrota final de los Niveladores, que se produjo dos años después, Sexby pasó a Francia, como agente de la República inglesa, para participar en los disturbios de la Fronda e intentar radicalizarlos. Como inspirador de la fracción republicana extremista de L'Ormée, de Burdeos, entre 1652 y 1653, sin duda sobrepasó sus instrucciones al hacer que los «ormistas» adoptaran la plataforma de los Niveladores. Una vez derrotada la Fronda y convertido Cromwell en Lord Protector de una República de la gran burguesía mercantil, Sexby retomó en el exilio su lucha contra este último. En 1657, vinculado al complot de Sindercombe,[1] publicó *Killing no murder* bajo el seudónimo de William Allen. De regreso clandestinamente a Inglaterra con el fin de unir la práctica a la teoría, fue detenido por la eficaz policía de Cromwell, que al mismo tiempo se hizo con una parte de la tirada de su panfleto. Murió ese mismo

---

[1] Miles Sindercombe, cabeza redonda y Nivelador, se reunió con Sexby en 1656 durante el exilio holandés de ambos. Al parecer, Sexby surtió a su compañero con armas y dinero para acabar con la vida de Cromwell y restaurar la república puritana. Tras el fracaso del magnicidio, Sindercombe fue sentenciado a ser arrastrado, ahorcado y despedazado. La víspera de la ejecución, y para ahorrarle los sufrimientos del suplicio, su hermana consiguió hacerle llegar un veneno a su celda en la Torre de Londres. Sindercombe fue hallado muerto al día siguiente, 13 de febrero de 1657. No obstante, su cuerpo fue llevado a rastras hasta el patíbulo y enterrado debajo de él por su verdugo. Como se verá más adelante, Sexby disiente en cuanto a la forma en que su compañero perdió la vida. (Esta y el resto de notas son del traductor).

año, encerrado en la Torre de Londres, en condiciones todavía poco claras. Las autoridades dieron a entender entonces, como hacen hoy en Rusia, que había muerto loco. Otros apuntan a esa especie de suicidio que en los últimos tiempos prolifera en las cárceles de la Alemania Federal. Cromwell moriría al año siguiente, dos antes que su República, y de muerte natural; se ha dicho que, después de la lectura de aquel panfleto, jamás se le había vuelto a ver sonreír. («Necesita otros guardias para que lo defiendan de los suyos propios [...] por haber oprimido y abandonado a los pobres, por haberse adueñado violentamente de una casa que él no ha construido»).

El coronel Sexby combatió en las revoluciones de dos reinos, y siempre entre los más extremistas. Se contó entre quienes, en cada giro de la historia, se atrevieron a denunciar el cambio de las cosas que habían conservado el mismo nombre. Recurriendo, según los diferentes periodos, a medios también distintos, se mantuvo fiel hasta el final a la «buena y vieja causa» por la que había tomado las armas. Ese fue Edward Sexby y este es, registrado en debida forma para sus futuros ejecutores, su testamento.

Matar no es asesinar

«Y todo el pueblo de la tierra se regocijó, y la ciudad estuvo en reposo, habiendo sido Atalía muerta a espada junto a la casa del rey» (2 Reyes 11, 20).

«Desde el tiempo en que Amasías se apartó de Jehová, empezaron a conspirar contra él en Jerusalén; y habiendo él huido a Laquis, enviaron tras él a Laquis, y allí lo mataron» (2 Crónicas 25, 25-27).

A su Alteza Oliver Cromwell:

Con la venia de su Alteza:

El siguiente escrito habrá de dar cuenta a su Alteza del modo en que empleo esas horas de holganza que ha tenido a bien concederme. Cómo habrá de interpretarlas es algo que desconozco, pero sí puedo decir con confianza que mi intención ha sido la de procurar a su Alteza esa justicia que ningún otro le hace, y la de hacer ver al pueblo que cuanto más la difiere más grande es el daño que se inflige a sí mismo, y también a vos. El honor de morir por el pueblo le corresponde merecidamente a su Alteza, y no puede sino suponer un inefable consuelo para vos, en las últimas horas de vuestra vida, considerar cuán provechoso será para el mundo que lo abandonéis. Solo entonces, Señor, los títulos que ahora usurpáis serán verdaderamente vuestros. Solo entonces seréis, en verdad, el libertador de vuestro país, pues lo emanciparéis de una esclavitud apenas inferior a aquella de la que Moisés liberó al suyo. Solo entonces os convertiréis en ese reformador por el que deseáis que se os tome. Entonces quedará restablecida la religión y reivindicada la libertad, y los parlamentos gozarán de esos privilegios por los que combatieron.

Esperamos que entonces rijan otras leyes que la de la espada y que la justicia no se defina ya como la voluntad y el capricho del más fuerte; y que los hombres se atengan a sus juramentos y no se vean en la necesidad de ser falsos y pérfidos para preservar sus vidas y asemejarse así a sus gobernantes. Y todo esto lo esperamos de la feliz expiración de su Alteza, que es nuestro verdadero padre y el padre de la patria; pues mientras vos sigáis con vida, nada hay que podamos llamar nuestro, y por eso depositamos en vuestra muerte la esperanza de poder cobrarnos la herencia. Que esta consideración arme y fortifique el alma de su Alteza contra los temores de la muerte y los terrores de vuestra mala conciencia, pues el bien que haréis con vuestra muerte en cierto modo compensará los males de vuestra vida. Y, si en el negro catálogo de los grandes malhechores pocos pueden hallarse que hayan contribuido con sus vidas al infortunio y la turbación de la humanidad tanto como su Alteza, vuestros mayores enemigos tampoco podrán negar que son pocos aquellos cuya muerte haya aprovechado tanto al género humano como la vuestra. Apresurar la llegada de este enorme bien ha sido el fin principal de mi escrito; y si tiene el éxito que le auguro, bien pronto su Alteza se encontrará fuera del alcance de la malicia de los hombres, y vuestros enemigos ya no podrán herir más que vuestra memoria, pero con unos golpes que ya no sentiréis. Es la aspiración universal de vuestra agradecida patria que su Alteza pueda disfrutar prontamente de esta seguridad. Y tales son también los deseos y plegarias de buenos y malos, pues acaso sea esto lo único en que concuerdan la devoción y las oraciones de todas las sectas y facciones. Mas, entre todos aquellos que incluyen entre sus demandas y súplicas para su Alteza la pronta liberación de todos sus pesares terrenales, no hay ninguno más asiduo ni más ferviente que aquel que, con el resto de la nación, tiene el honor de ser,

con la venia de su Alteza,
de su Alteza el presente esclavo y vasallo,
W. A.

A todos los oficiales del ejército que aún recuerdan sus compromisos y osan conducirse como hombres de honor

D E TODO CORAZÓN DESEO, por amor a Inglaterra, que vuestro número sea mayor de lo que me temo es, y que las continuadas purgas de su Alteza hayan dejado entre vosotros algunos a los que conciernan los caracteres de esta dedicatoria. Vuestras acciones y vuestros insustanciales sufrimientos muestran bien a las claras que, a mí y a cualquier otro, nos sobran los motivos para dudar de ello. Pues acaso vosotros, que fuisteis los campeones de la libertad y que fuisteis reclutados para tal propósito, ¿no os habéis convertido en los instrumentos de nuestra esclavitud? ¿Y vuestras manos, que el pueblo empleó para quitarse el yugo de la cerviz, no son las mismas que ahora se lo ponen encima? ¿Recordáis que fuisteis reclutados para defender los privilegios del Parlamento, y que jurasteis hacerlo? ¿Se os empleará, pues para forzar las elecciones y disolver los parlamentos porque estos se niegan a establecer como ley la iniquidad del tirano y vuestra esclavitud? Os ruego que penséis en lo que habéis prometido y en lo que hacéis, y que no deis ocasión ni a la posteridad ni a vuestra descendencia para recordaros con infamia y maldecir ese infortunado valor, y todos vuestros logros, que no han hecho sino cosechar victorias (tal como os servís de ellas) contra la República. ¿Alguna vez habría imaginado Inglaterra que ese ejército al que siempre acompañaban los títulos de religiosidad, entrega, fidelidad y coraje —la defensa de la libertad dentro de sus fronteras y el terror de sus enemigos fuera de ellas— se convertiría en su carcelero? ¿Que sería no ya su guarda, sino su opresor? ¿Que sus soldados dejarían de serlo para transformarse en los verdugos del tirano, que arrastran al tajo o al cadalso a todos aquellos que osan superarlos en honestidad? Eso es lo que hacéis y eso es lo que sois; y no podréis restablecer vuestro honor, ni la confianza y el amor de vuestro país, ni la estima de los hombres valerosos o las plegarias de los bondadosos, a menos que mostréis prontamente al mundo que habéis sido engañados; lo que solo creerá cuando vea que os cobráis venganza sobre la desleal cabeza de aquel que os embaucó. Si lo diferís en demasía, descubriréis que ya es demasiado tarde para intentarlo, y que vuestro arrepentimiento no podrá ni resarciros ni ayudaros. Haceros ver que lo podéis llevar a cabo como una acción legítima y presentároslo como una acción gloriosa, tal es la principal intención del siguiente escrito. Y sea cual fuere el efecto que tenga en vosotros, no habré fracasado del todo en mis propósitos, pues aunque no despierte ni vuestra virtud ni vuestro valor, al menos servirá para reprobar vuestra cobardía y vuestra bajeza.

Esto viene de alguien que en otro tiempo se contó en vuestras filas, y que volverá a hacerlo cuando oséis ser como fuisteis.

No es cosa de ambición querer que lo impriman a uno cuando tan pocos son los que hoy se privan del papel y de la prensa; ni han sido tampoco apremios de malicia o de venganza personal (aunque pocos de los que osan ser honestos quieran ahora sus motivos) los que han prevalecido para convertirme en el autor de un panfleto y perturbar así esa tranquilidad de la que gozo en el presente gracias al gran favor e injusticia de su Alteza. Tampoco ignoro lo poco provechosos que habrán de serme el tiempo y las fatigas que les conceda a este escrito. Pues pensar que alguna de mis razones, o de mis persuasiones, o de sus propias convicciones, pueda alejar a los hombres de alguna cosa en la que encuentren beneficios y seguridad, o los acerque a aquello en lo que teman hallar alguna pérdida o algún peligro, es tener mejor opinión, tanto de ellos como de mí, de la que ambos merecemos.

Además, el asunto mismo es de tal naturaleza que debo no solo aguardar la amenaza de los malvados, sino también la censura y el repudio de muchos hombres buenos; pues estas opiniones, vistas solo desde fuera, y no a fondo (para lo cual no todo el mundo tiene ojos), se antojarán sangrientas y crueles; unos apelativos que he de esperarme, por cierto, de aquellos a cuyo fervor no acompaña el intelecto. Así pues, de haber pensado solo en mí mismo, me habría ahorrado no pocas penurias y no habría disgustado a muchas gentes para complacer a los pocos hombres sabios y honrados que en el mundo son. Pero en un tiempo como este, en el que Dios no solo nos somete a las desgracias habituales y ordinarias, dejándonos caer en la esclavitud por hacer un tan mal uso de nuestra libertad, sino que además se complace en cegar nuestros entendimientos y envilecer nuestros espíritus hasta sufrir que le hagamos la corte a nuestra servidumbre y la incluyamos entre los ruegos que a Él le dirigimos, la indignación hace que un hombre rompa ese silencio que la prudencia le recomendaría guardar, si no para agitar las conciencias de los otros, sí al menos para tranquilizar la suya.

Un panfleto reciente nos refiere el descubrimiento de un gran plan urdido contra la persona de su Alteza, y cómo el Parlamento (pues así profana su nombre esta camarilla) acabó por congratularse de que su Alteza felizmente se librase de tan pérfida y sangrienta tentativa. Aparte de eso, también relata que se hizo befa de Dios Todopoderoso ordenando un día de acción de gracias (de igual modo que, pienso, el mundo se burla de tal confabulación), y que el pueblo dio públicamente gracias por la desgracia pública y por que Dios todavía se complazca juzgándolo y frustrando todos los medios que emplea en su liberación. Nadie negará ya, sin duda, que el inglés es un pueblo agradecido. Mas se me antoja que si hubiéramos leído en las Sagradas Escrituras que los israelitas rogaban al Señor, no por su propia liberación, sino por la preservación de sus amos, y que daban solemnemente gracias por que el faraón siguiera con vida, y que había aún grandes esperanzas de que el número de los ladrillos aumentase cada día; y aunque aquellas gentes hicieron cosas no solo impías y profanas, sino también ridículas y absurdas, ciertamente nunca hicieron nada que nos hubiera maravillado tanto como encontrárnoslos agradeciendo ceremoniosamente a Dios las plagas con que los castigaba, ellos que de ordinario eran tan brutalmente ingratos por las mercedes que les concedía; y habríamos pensado que Moisés les causaba un gran ultraje al no permitirles disfrutar de su esclavitud y dejarlos con sus tareas y sus cabezas de ajo.

Puedo decir con justicia que mi principal intención no es declamar en este escrito contra mi Lord Protector o contra sus cómplices, pues, aunque fuese no tanto para justificar a otros como para acusarles a ellos, tengo para mí que sus propias acciones ya hacen esa labor suficientemente bien y que sería vano que me esforzarse en decirle al mundo lo que este ya sabe de antes. Mi propósito es examinar si ha habido una conjura como de la que oímos hablar, y si fue urdida por el señor Sindercombe contra mi Lord Protector, y no por mi Lord Protector contra Sindercombe (lo cual es dudoso), y si merece esos epítetos que el señor Orador ha tenido a bien adjudicarle, de sanguinaria, malvada y procedente del Príncipe de las Tinieblas. Sé muy bien cuán incapaz es el vulgo de sopesar lo que es singular y extraordinario en cada caso, y que juzga las cosas y las nombra por sus apariencias externas, sin penetrar en absoluto en sus causas o en sus naturalezas; y que, sin duda, cuando oye que iban a matar al Protector, de inmediato concluye que un hombre iba a ser asesinado, y no castigado un malhechor, pues piensa que las formalidades producen siempre los mismos efectos, y que son el juez y el ujier los que hacen la justicia, y el carcelero al criminal. Y por eso, cuando lee en el panfleto el discurso del señor Orador, a buen seguro piensa que este concede a los conjurados sus justos títulos y los condena tan prestamente como un alto tribunal de justicia, sin examinar siquiera si habrían asesinado a un magistrado o destruido a un tirano, con respecto al cual todo hombre es naturalmente juez y verdugo, y a quien las leyes de Dios, de la naturaleza y de las naciones exponen para que, como un animal de presa, sea exterminado doquiera que se lo halle.

A fin de explicarme tan claramente como sea posible, plantearé en primer lugar una pregunta (que sin duda no es tal): ¿Es mi Lord Protector un tirano o no lo es? En segundo lugar, de serlo, ¿es lícito administrarle justicia sin ninguna formalidad? Y en tercer lugar, si tal cosa es legítima, ¿resultará útil o perniciosa para la república?

La ley civil establece que hay tiranos de dos tipos: el *tyrannus sine titulo* y el *tyrannus exercitio*. El primero recibe el nombre de tirano porque carece de derecho a gobernar; el segundo, porque gobierna tiránicamente. Hablaremos brevemente del uno y del otro, y veremos si el Protector no puede reclamar, con todo derecho, ambos títulos con el fin de atribuírselos.

Habremos demostrado suficientemente quiénes no tienen derecho alguno a gobernar si mostramos quiénes son los que sí lo tienen y qué es lo que vuelve justo ese poder que quienes gobiernan ejercen sobre la libertad natural de los demás hombres. La naturaleza ha otorgado un poder supremo a los padres en el ámbito privado de sus respectivas familias. Todo hombre, dice Aristóteles, gobierna por derecho propio a su mujer y a sus hijos, y dicho poder se ejerció necesariamente por todas partes mientras las familias vivieron dispersas, antes de la constitución de las repúblicas; y en muchos lugares incluso después, tal como aparece en las leyes de Solón y en aquellas otras más antiguas que las romanas. Y ciertamente, puesto que conforme a las leyes de Dios y de la naturaleza, el cuidado, la defensa y el sostén de la familia recaen sobre el hombre al que pertenece, por la misma ley cada miembro de la familia le debe sumisión y obediencia en compensación por ese apoyo. Mas cuando varias familias se unen para componer el cuerpo de una república, y puesto que son independientes las unas con respecto a las otras, y no existe entre ellas ninguna obligación o superioridad naturales, nada puede introducir entre ellas una disparidad de gobierno y sumisión salvo algún poder que se halle por encima de todas; y ese poder no puede pretender poseerlo nadie, salvo Dios y ellas mismas. De ahí que todo poder que se ejerce legítimamente sobre una sociedad de hombres como esa (a la que llamamos república por ser el bien común el fin de su institución) debe necesariamente derivar sea de la disposición de Dios todopoderoso, que es el supremo Señor de cada punto y lugar del orbe, sea del consentimiento de la sociedad misma, la cual, después de Dios, tiene el poder de disponer de su propia libertad como estime más adecuado para alcanzar su propio bien. Dicho poder Dios se lo ha otorgado a las sociedades humanas del mismo modo que se lo ha concedido a las personas particulares, y cuando Él mismo no interpone su propia autoridad ni dispone por Sí mismo quiénes deben ser sus vicerregentes y gobernar bajo su mandato, a nadie corresponde hacer la elección salvo al pueblo mismo, cuyo beneficio es el solo fin de todo gobierno. Y lo que es más, incluso cuando a Dios le plugo designar gobernantes para aquel pueblo al que Le complacía reconocer como Su elegido, en más de una ocasión dejó la confirmación y la ratificación de tal designación al propio pueblo. Así, Saúl fue elegido por Dios y ungido rey por su profeta, pero fue reconocido como tal por el pueblo de Gilgal. David fue ungido rey por el mismo profeta, pero, una vez muerto Saúl, hubo de ser confirmado por el pueblo de Judá y, siete años después en Hebrón, por los Ancianos de Israel, los diputados del pueblo. Y es fácil constatar que, a pesar de que sabían que David había sido elegido rey por Dios y ungido por su profeta, igualmente eran conscientes de que Dios no solo aprobaba su elección, sino también que limitasen su poder, pues antes de su coronación establecieron un tratado con él, y mediante dicho acuerdo lo obligaron a respetar todas aquellas condiciones que estimaron necesarias para garantizar su propia libertad. No es menos notable que, cuando Dios da instrucciones a su pueblo en lo que atañe a su gobierno, deja llanamente en sus manos la cuestión de su forma, pues no dice: «Cuando llegues a la tierra que Dios tu Señor te ha concedido, *statues super te regem*», sino «*si dixeris statuam*». Dios no dice: «Te impondrás un rey», sino: «Si lo pides, te lo impondré», dejando al pueblo la opción de decir sí o no. Y se ve con claridad que en aquel lugar Dios otorga al pueblo la elección de su rey, pues le instruye sobre a quién debe escoger: «*E medio fratorum tuorum* (elegirás a uno entre tus hermanos)». Mucho más podríamos decir si fuese una verdad menos manifiesta que todo poder justo para gobernar se sustenta sobre estos dos fundamentos: el mandato expreso de Dios, por un lado, y el consentimiento del pueblo, por el otro. Y en consecuencia, quienquiera que se arrogue tal poder, o un parte de él, sin poder exhibir uno de esos dos títulos, no es un gobernante sino un usurpador, y quienes estén sujetos a él no están gobernados, sino oprimidos.

Considerando todo lo anterior, ¿no le sobran al pueblo de Inglaterra los motivos para preguntarle al Protector: «*Quis constituit te virum Principem et judicem super nos*»?[2] ¿Quién te ha puesto a ti por príncipe y juez sobre nosotros? Si fue Dios, háznoslo manifiesto. Si el pueblo, ¿dónde nos reunimos para hacerlo? ¿Quién

---

2   Éxodo 2, 14.

tomó nuestras firmas? ¿En quién delegamos nuestra autoridad? ¿Y cuándo y dónde esos diputados ratificaron tal nombramiento? Tales interrogaciones son sin duda de lo más natural, pero temo que contestarlas pondría a su Alteza, a su consejo y a toda su camarilla en un grave aprieto. En una palabra, y a fin de no fatigar a mi lector (al que no le faltarán pruebas de lo que digo si no le falla la memoria), si cambiar el gobierno sin el consentimiento del pueblo; si disolver su cuerpo de representantes por la fuerza y anular sus actos; si dar el nombre de representantes del pueblo a sus propios cómplices para poder establecer así la iniquidad como ley; si arrebatar la vida a los hombres, lejos del amparo de la ley y con el concurso de un puñado de asesinos designados por él mismo bajo el nombre de Alto Tribunal de Justicia; si diezmar sus propiedades e imponerle al pueblo cuantos impuestos le plazca, y sustentarlo todo en la fuerza de las armas; si, digo, todo lo anterior hacen de un tirano un tirano, entonces ni su propia impudicia puede negar que su Alteza es un tirano rematado como no se ha conocido desde que existen sociedades humanas. Quien ha incurrido e incurre en todo esto es la persona por cuya preservación el pueblo de Inglaterra ha de rogar a Dios; aunque ciertamente, si lo hace, es por el mismo motivo que las ancianas de Siracusa rezaban por que el tirano Dionisio disfrutase de una larga vida: por temor a que fuera el diablo quien lo sucediese en el trono.[3]

Ahora bien, si en lugar del mandato de Dios o el consentimiento del pueblo, su Alteza no cuenta con más título que el de la fuerza y el fraude, lo que equivale a no contar con ninguno; y si violar todas las leyes y no proponer ninguna para gobernar salvo su propia voluntad, constituyen el ejercicio de esa tiranía que ha usurpado y hacen su administración conforme a su derecho, entonces la primera cuestión que planteamos deja de serlo.

Pero antes de que pasemos a la segunda, y puesto que es mucho más fácil percibir y conocer las cosas por la descripción de sus accidentes exteriores y sus cualidades que por la definición de sus esencias, no cometeremos falta alguna si comprobamos si su Alteza presenta las marcas y características externas por las que se conoce a los tiranos, del mismo modo que posee su naturaleza y sus propiedades esenciales; es decir, si no tiene el pellejo del león y la cola de la raposa, así como la violencia del uno y la astucia de la otra. Ahora bien, en el retrato del tirano que pretendo pintar se echará de ver que todos los perfiles y todos los colores se correspon-

---

3   Cf. Pedro Mejía, *Silva de varia lección*, Madrid: Mateo de Espinosa y Arteaga, 1673.

den de forma tan natural con su modelo viviente que cabe dudar de si su Alteza es el original o la copia; de si al dibujar al tirano lo he representado a él, o de si al representarlo a él me ha salido el tirano. En consecuencia, y a fin de evitar que se sospeche que actúo de forma poco sincera contra él, o de que, en lugar de aplicarle las siguientes características, las fabrico, no os ofreceré ninguna con mi propio sello, sino solo tal como me las encuentro en Platón, Aristóteles, Tácito o Maquiavelo, que es el mismísimo evangelista de su Alteza.

LAS TRAZAS DEL TIRANO

1. Casi todos los tiranos han sido previamente capitanes y generales de su pueblo so pretexto de vengar o defender su libertad. «*Ut imperium evertant libertatem praeferunt: si perverterint, libertatem ipsam adgredientur*»,[4] dice Tácito. Para subvertir el gobierno actual, toman como pretexto la libertad del pueblo y, cuando el gobierno ha sido derribado, entonces ellos mismos pisotean la libertad por la que habían combatido; esto no necesita aplicación.

2. Los tiranos realizan sus fines mucho más por el fraude que por la fuerza. Ni la virtud ni la fuerza, dice Maquiavelo, son tan necesarias para ello como una «*una astuzia fortunata*»,[5] la cual —advierte— a menudo ha resultado suficiente sin la fuerza, pero nunca la

---

4   Tácito, *Annales*, XVI, 22.

5   Maquiavelo, *El príncipe*, Madrid: Alianza Editorial, 1991, p. 63. Traducción de Miguel Ángel Granada.

fuerza sin ella. Y en otro lugar nos cuenta que su máxima es: «*Aggirare i cervelli degli uomini con astuzia*» (burlar con astucia el ingenio de los hombres),[6] y a la postre dominar a aquellos que tienen el poco seso de confiar en su fe y en su integridad. Huelga decir que si su Alteza no tuviera la facultad de verter tan fácilmente las lágrimas como de hablar elocuentemente en sus execraciones, si no tuviese unos ojos de esponja y una conciencia tan dúctil, y si además no tratara con un pueblo de gran fe pero escaso ingenio, ni su valor ni el resto de sus virtudes morales habrían logrado, con la ayuda de sus jenízaros, alejarlo tanto del alcance de la justicia que, para sacarlo ahora del lugar donde se encuentra, ya no nos quedan otras manos a las que confiarlo que las del verdugo.

3. Rebajan a todas las personas excelentes y apartan de su camino a todas las almas nobles, «*et terrae filios extollunt*» (y ensalzan a los hijos de la tierra). Para hacer hablar a Aristóteles en otros términos, purgan el parlamento y el ejército hasta que quedan pocos o ninguno que tengan ni honor ni conciencia, ni ingenio, interés o valor para oponerse a sus designios. Y en tales purgas —dice Platón—, los tiranos hacen lo contrario que los

---

6   Ib., p. 90.

galenos, pues si estos nos purgan de nuestros humores, aquellos lo hacen de nuestro espíritu.

4. No osan permitir que se realicen asambleas, ni siquiera para las carreras de caballos.

5. Cuentan con espías y delatores por doquier; es decir, con sus Fleetwood, sus Broughall y sus Saint-John (además de un número ingente de pequeños espías), que fingen estar descontentos y en desacuerdo con ellos, y así, enmascarados de tal suerte, consiguen ganarse la confianza de los otros y hacer sus descubrimientos. Disponen asimismo de emisarios, a los que envían con cartas falsas. Si alguien lo duda, que se presente ante el general Brown[7] y él le dará satisfacción.

6. No dan un paso sin su propia guardia, ni su Alteza sin su guardaespaldas.

7. Empobrecen al pueblo, para que, aunque tuviesen la voluntad, no les acompañase el poder de intentar algo en su contra. Su Alteza lo hace mediante impuestos, tasas, diezmos, etc.

8. Hacen la guerra para distraer y tener ocupado al pueblo, y aparte de esto, también para contar con un

---

7   Sir Richard Browne (c. 1602 - 1669) fue general del ejército parlamentario durante la Revolución, pero se opuso al Protectorado de Cromwell. Fue excluido del Parlamento en diciembre de 1648, durante la llamada «purga de Prid». Tras la Restauración de los Estuardo se convertiría en alcalde de Londres.

pretexto con el que recaudar fondos y realizar nuevas levas, en caso de que ya no confíen en sus antiguas tropas o estimen que ya no son suficientes. La guerra con España le sirve a su Alteza para tal fin; con tal justificación comenzó y con la misma continúa aún.

9. Quieren hacer ver que honran y proveen a las gentes de bien; es decir, que si los ministros de la Iglesia son ortodoxos y aduladores, si retuercen y torturan las Sagradas Escrituras para probar que su gobierno es legítimo, y le otorgan de tal suerte el título, su Alteza igualmente estará satisfecho de interpretar las Sagradas Escrituras a su favor y concederles el diezmo.[8]

10. Hacen que otros ejecuten cosas odiosas y desagradables y, cuando el pueblo muestra su descontento, entonces lo apaciguan sacrificando a los ministros de los que se sirvieron; dejo a los generales de su Alteza que rumien un poco este punto.

11. Aparentan ser extraordinariamente cuidadosos en todos los aspectos que atañen al público: rinden cuentas del dinero que reciben, el cual fingen recaudar para el mantenimiento del Estado y la prosecución de la guerra. Su Alteza hizo un excelente comentario de este pasaje de Aristóteles en el discurso ante su Parlamento.

---

8   Juego de palabras intraducible: *title* (título) / *tithe* (diezmo).

12. Ponen en venta todo lo destinado a los usos religiosos, de modo que mientras les dure puedan detraer menos fondos al pueblo. Los caballeros interpretarán esto de los bienes de los diáconos y los cabildos.

13. Alegan estar inspirados por Dios y sus respuestas por los oráculos, para así dotar de autoridad a lo que hacen. Su Alteza siempre ha sido un entusiasta; y tengo para mí que a imagen de Hugo Capeto,[9] que decía haber sido aconsejado en sueños por san Valerio y san Ricardo, su Alteza hará lo propio bajo la advocación de san Enrique y san Ricardo, sus dos hijos.

14. En último lugar, dicen amar a Dios y la religión por encima de todas las cosas. A esto Aristóteles[10] lo llama «*artium tyrannicarum potissimam*» (el artificio mejor y más seguro de los tiranos), y todos sabemos que es algo que su Alteza ha descubierto también por experiencia. Ha descubierto, en efecto, que la devoción reporta enormes ganancias y que los sermones y los

---

9 Hughes Capet (c. 940 - 996). Rey de los francos y primer soberano de la casa de los Capetos. Según la leyenda de san Valerio, el santo se le había aparecido en sueños al futuro monarca para decirle que si devolvía sus reliquias, a la sazón en Flandes, a la abadía de Leuconay se convertiría en rey y su dinastía reinaría sobre los francos durante siete generaciones.

10 Cf. Aristóteles, *Política*, libro vi, cap. 8, Madrid: Austral, 1997. Traducción de Patricio de Azcárate.

rezos bien administrados pueden hacerle ganar otros reinos aparte del celestial. A fe que las suyas han sido armas piadosas, pues ha logrado grandes conquistas con las mismas que emplea la Iglesia: los rezos y las lágrimas. Aunque lo cierto es que si no nos cupiera el honor de ser gobernados por un hombre que sabe esgrimir la espada espiritual tan bien como la temporal, y tener, como los romanos, a un emperador que es al mismo tiempo nuestro sumo sacerdote, los sermones nos habrían salido mucho más baratos, pues nos habrían costado nuestros diezmos, pero no todo lo demás.

Aristóteles aún menciona otros rasgos y otras máximas para reconocer a los tiranos, pero puesto que no pueden aplicarse bien a los actos de su Alteza ni tiene Él el talante para practicarlos, no insistiré en ellos. Entre otras cosas, Aristóteles no contempla que un tirano sea insolente en su comportamiento, ni que ultraje a su pueblo, pero su Alteza es naturalmente colérico y tilda a los hombres de canallas y los trata a puñetazos. Finalmente, concluye que el tirano debe moldear su comportamiento de tal manera que no sea ni realmente bueno ni absolutamente malo, sino la mitad de lo uno y la mitad de lo otro; mas ser bueno a medias se antoja una proporción demasiado grande para su Alteza, y mucho más de lo que su temperamento puede soportar.

Pero para enunciar más seriamente la verdad y concluir esta primera cuestión, hay que decir que si tales características alguna vez conformaron un hombre, no cabe duda alguna de que su Alteza es ese hombre; y que si no es un tirano, habremos de confesar que no nos queda ya ni definición ni descripción de lo que un tirano es, que nos imaginamos que no existe cosa semejante en la naturaleza, y que es solo una noción y un nombre. Mas de existir una bestia tal, y puesto que todos creemos en lo que vemos y sentimos, permítasenos ahora indagar, de acuerdo con el método que nos hemos propuesto, si se trata de una bestia inocente a la que no debemos causar daño, o bien de una bestia feroz para cuya exterminación todos los medios son admisibles y justos.

¿ES LÍCITO MATAR A UN TIRANO?

LOS AUTORES DIFIEREN EN gran medida cuando se trata de decidir sobre esta cuestión, pues atañe a esos magistrados supremos que a la postre degeneran en tiranos. Algunos piensan que deberíamos soportarlos como a los malos progenitores y los cuentan entre esas desgracias que no tienen otra cura que la paciencia. Otros piensan que han de responder ante la suprema ley de la seguridad del pueblo y rendir cuentas ante sus representantes por haber quebrado su confianza. Mas ninguna persona sensata puede permitir que los particulares se conviertan en jueces de sus propias acciones, pues esto supondría subvertir toda forma de gobierno. Por otro lado, no hallo a nadie (que no haya sido privado de su razón por la corrupción o el miedo) que sea tan gran enemigo de la justicia común y la libertad de la humanidad como para reconocer algún tipo de indemnidad a quien no puede presentar más título que el de su mayor fuerza, ni exigir la obediencia del pueblo si no es por la mediación de la necesidad y el temor. A un ser semejante todos lo consideran alguien que está fuera de todos los límites de la protección humana, ese Ismael contra el que todo el mundo alza la mano, igual que él la alzó contra todo el mundo. Y no le conceden más seguridad que la que se dio a sí mismo Caín, su compañero asesino y opresor: la de ser destruido por el primero que le eche el lazo.

La razón por la cual la situación del tirano es singular y que explica por qué, en este caso, cada cual ha recibido la potestad de ejecutar una venganza que en otros estaría reservada a Dios o a los magistrados, no presenta oscuridad alguna si consideramos lo que es un tirano, cuáles son sus crímenes y en qué estado se enfrenta a la república y a cada uno de sus miembros. Y en efecto, si descubrimos en él a un enemigo de toda sociedad humana y a un destructor de todas las leyes, a un enemigo que por la enormidad de sus villanías se pone a cubierto del curso ordinario de la justicia, en modo alguno nos resultará entonces extraño que no disfrute de ninguno de los beneficios de la sociedad humana ni de la protección de la ley, ni de que en su caso la justicia lo dispense de sus formalidades.

Debemos, pues, considerar que el fin por el cual los hombres entran en sociedad no es meramente para vivir, algo que bien podrían hacer dispersos como otros animales, sino para vivir felizmente, y además para vivir una vida que responda a la dignidad y la excelencia que son propias de su especie. Fuera de la sociedad tal felicidad no puede alcanzarse, pues por separado somos impotentes y defectuosos, y tan incapaces de procurarnos las cosas necesarias u ornamentales como lo somos de defenderlas y mantenerlas una vez las hemos adquirido. Nos asociamos para remediar esos defectos, pues lo que no podemos mantener y gozar aisladamente, sí somos capaces de hacerlo juntos gracias a los beneficios compartidos y la ayuda mutua. Tales fines no pueden realizarse si no sometemos nuestras pasiones y apetitos a las leyes de la razón y de la justicia, pues la depravación de su voluntad hace al hombre tan inapto para vivir en sociedad como la necesidad lo hace incapaz de vivir fuera de ella. Si su perversidad no estuviera regulada por las leyes, los apetitos de los hombres por las mismas cosas, su avaricia, su lujuria y su ambición pronto harían de la sociedad algo tan inseguro como la propia soledad, si no más, y así nos asociaríamos tan solo para estar más próximos a nuestra miseria y nuestra ruina.

Así pues, logramos los fines de una vida sociable gracias a nuestra sujeción y nuestra sumisión a las leyes, pues tales son los nervios y tendones de toda sociedad o república, sin los cuales esta necesariamente ha de disolverse y disgregarse. Y ciertamente (como dice

Agustín), aquellas sociedades donde no hay ley ni justicia no son repúblicas o reinos, sino «*magna latrocinia*»:[11] grandes confederaciones de ladrones y salteadores de caminos; y de ahí que quienes no se sometan a la ley no deban ser considerados miembros de la sociedad humana, pues esta no puede subsistir sin ella. Por eso Aristóteles dice que la tiranía es contraria a la ley de la naturaleza o, lo que es lo mismo, contraria a la sociedad humana, en la cual se preserva la humana naturaleza. Por la misma razón, niegan que el tirano sea *partem civitatis*, pues cada parte está sometida al todo, y un ciudadano (dice el mismo autor) es aquel que está tan obligado a cumplir el deber de obedecer como capacitado para ejercer el poder de mandar. Y que sin duda obedece al mismo tiempo que manda, pues obedece a las leyes, que, según afirma Cicerón, «*magistratibus praesunt, ut magistratus praesunt populo*», están por encima de los magistrados de igual modo que los magistrados están por encima del pueblo.

Por tal motivo, un tirano, que no se somete a la ley y cuya voluntad y cuyo deseo son las únicas leyes con las que se gobierna a sí mismo y a los demás, no es ni magistrado ni ciudadano, ni miembro de sociedad alguna, sino una úlcera y una enfermedad que destruyen la

---

11   San Agustín, *Ciudad de Dios*, libro IV, cap. IV.

sociedad; y, si se considera adecuadamente, una república que degenera en tiranía ya no merece en absoluto tal nombre, pues se convierte en algo distinto: «*non est civitas quae unius est viri*»[12] (dice Sófocles), lo que depende de un solo hombre no es una ciudad. Pues ya no hay rey ni pueblo, o pueblo y Parlamento, porque dichos términos (o cuando menos sus naturalezas) se han trocado por los de amo y siervos, o de señor y esclavos. Pero, como dice Grocio, «*servorum non civitas erit sed magna familia*»: donde todos son esclavos, no hay ciudad, sino una gran familia. Y lo cierto es que todos somos miembros de Whitehall y que nuestro amo podría mandarnos allí cuando le plazca y clavarnos las orejas a las jambas de la puertas. Mas para concluir, puesto que un tirano no forma parte de la república, como ya hemos dicho, ni está sometido a sus leyes al ponerse por encima de todas ellas, no existe razón alguna para que disfrute de la protección debida a cada uno de sus miembros ni de la defensa de las leyes, ya que no reconoce ninguna. Por eso, y por toda clase de razones, debe contársele entre esas bestias salvajes a las que jamás se ve en compañía de otras y que no tienen más defensa que su propia fuerza, que convierten en

---

12   *Antígona*, v. 737.

presa al que es más débil y que, por la misma justicia, son una presa para quienes son más fuertes que ellas.

Obsérvese, a continuación, que un tirano, al ponerse por encima de toda ley y defender su injusticia con una fuerza a la que no puede oponerse el poder de ningún magistrado, se sitúa por la misma razón por encima de todo castigo y de toda justicia que no sea la que pueda administrarle el golpe de alguna mano generosa. Y ciertamente la seguridad de la humanidad estaría muy pobremente protegida si no existiera un género de justicia capaz de dar caza a las mayores villanías, y los tiranos estuviesen *immanitate scelerum tuti*, a salvo por la enormidad de sus crímenes. Nuestras leyes no serían entonces más que telarañas, hechas solo para atrapar moscas, pero no avispas y avispones, y así podría decirse de todas las repúblicas lo que se decía de la de Atenas: que solo se colgaba a los raterillos, mientras que los grandes ladrones andaban sueltos y condenaban al resto. Mas aquel que quiere protegerse contra la amenaza de todas las manos debe saber que en realidad no se protege de ninguna; que aquel que elude la justicia en los tribunales, debe esperar encontrársela en la calles; y que aquel que se arma contra todos los hombres arma a todos los hombres en su contra. «*Bellum est in eos qui judiciis non possunt*» (dice Cicerón), hacemos la guerra con quienes no podemos someter a la ley. El mismo autor: «*Cum duo sint decertandi genera*»,[13] etc.: hay dos modos de dirimir las diferencias, el primero por el juicio y el arbitraje, el segundo por la fuerza; el primero es propio del hombre, el otro, de las bestias; y hemos de recurrir a este último cuando no puede alcanzarse aquel. Y ciertamente, por la ley de la naturaleza, *ubi cessat iudicium*, donde se interrumpe la justicia, cualquier hombre debe ser su propio magistrado y hacer justicia por sí mismo. Pues la ley (dice Grocio) que me prohíbe reivindicar mi derecho por otra vía que no sea el curso ordinario de la ley sin duda supone *ubi copia est iudicii*,[14] que solo donde la ley tiene poder puede hacerse justicia, pues de otro modo la ley serviría para proteger las agresiones, y no para protegerse de ellas, y contrariamente a la naturaleza de toda ley, se convertiría en la protección del culpable contra el inocente, y no del inocente contra el culpable.

Ahora bien, así como es contrario a las leyes de Dios y de la naturaleza que los hombres, que son parciales con ellos mismos y, en consecuencia, injustos con los demás, sean sus propios jueces cuando deben serlo otros, así también es algo de todo punto contrario a la

---

13   *De Oficiis* [Los oficios], I, 34.

14   Hugo Grocio, *De jure belli et pacis* [Del derecho de la guerra y de la paz], libro I, cap. III.

ley de la naturaleza y a la común seguridad de la humanidad que, cuando la ley no tiene cabida, se prohíba a los hombres que repelan la fuerza por la fuerza, pues de tal suerte se les dejaría sin defensa y sin remedio alguno contra las agresiones. Ni siquiera Dios ha dejado al esclavo sin remedio contra el amo cruel; ¿y qué analogía puede establecerse con mayor razón que el esclavo, que no es más que el dinero del amo y parte de su hacienda, pueda hallar reparación contra las agresiones e insolencias de un amo arrogante, y que un pueblo libre, que no tiene otro superior que su Dios, no obtenga ninguna contra la injusticia y la opresión de un salvaje tirano? ¿Y no constituiría una enorme incongruencia que la ley de Dios permita que cualquier hombre mate al ladrón que irrumpe con nocturnidad en su morada, porque se supone que en tal caso no podría llevarlo ante la justicia, y que un tirano, que es el ladrón de toda la humanidad, y al que ninguna ley puede detener, sea una persona sacrosanta, «*cui nihil sacrum aut sanctum*», para la cual sin embargo nada hay santo ni sacro? Mas el vulgo juzga de manera ridícula, conforme a su naturaleza. El brillo de las cosas lo deslumbra, y él las juzga por las apariencias y los colores que presentan. Pues ¿qué puede haber más naturalmente absurdo y contrario a cualquier sentido común que llamar ladrón y matar al que viene a robarme, solo o en compañía de otros, y llamar Lord Protector y obedecer a quien me roba con la ayuda de regimientos y de tropas? Es como si robarme con dos o tres barcos hiciera de alguien un pirata, pero robarme con cincuenta lo convirtiera en almirante. Mas si es solo la cantidad de adeptos, y no la causa, la que establece la diferencia entre un ladrón y un Protector, desearía que se concretase tal cantidad, pues así podría saberse dónde acaba el ladrón y dónde comienza el príncipe, y podríamos distinguir entre un atraco y un impuesto.

Sin duda ningún inglés ignora que es su derecho de nacimiento ser señor y dueño *de* su propiedad, y que nadie tiene poder sobre ninguna parte de ella sin su propio consentimiento, ya sea otorgado expresamente por él mismo o virtualmente por un parlamento. Todo lo demás son robos con otro nombre: «*auferre, trucidare, rapere, falsis nominibus imperium, atque ubie solitudinem faciunt, pacent apellant*», a la rapiña, el asesinato y el robo los tiranos los llaman por mal nombre gobernar y donde crean un desierto lo llaman paz.[15] En cada tributo se nos roba: la accisa es un robo, y también lo son los aranceles, y no cabe duda de que, cuando sea prudente, siempre es lícito matar a los ladrones a los que no podemos llevar ante otro tipo de justicia. Y no solo

---

15 Cf. Tácito, «Discurso de Calgaco», en *Vida de Julio Agrícola*.

es lícito, y al hacerlo defendemos nuestros derechos, sino también glorioso y digno del encomio de toda la humanidad, librar al mundo de ese ladrón público, de ese pirata universal, bajo el cual y por el cual rapiñan otras bestias menores. Quisiera que ese agitador se extinguiera como fuera, que hubiera una mano para sajar la úlcera; y no puedo dudar de que Dios pronto santificará la mano que lo haga y que abata a ese hombre maldito y deshonesto, que vive no solo para la desgracia, sino para la infamia de nuestra nación.

Tendría motivos para desconfiar de la justicia de mi opinión si esta fuese nueva y fundada únicamente en mis propias observaciones e interpretaciones. Pero si me engaño en este caso, al menos tendré la excusa de haber sido arrastrado al error por los ejemplos que nos han legado los más grandes y virtuosos, y por las opiniones de los hombres más sabios y más serios que hayan dejado su memoria a la posteridad. De la gran abundancia de confirmaciones en los ejemplos y las autoridades que podría obtener para mi opinión, seleccionaré muy pocas, pues las verdades manifiestas no necesitan de tales apoyos y me apetece tan poco cansarme como a mi lector.

En primer lugar, pues, un usurpador que posee el gobierno solo por la fuerza y solo por la fuerza lo mantiene le ha declarado la guerra a todos los hombres, afirma el docto Grocio; de ahí que sea lícito emplear contra él cualquier medio de los que emplearíamos contra un enemigo declarado, al que cualquier particular tiene derecho a matar. «*Hostis hostem occidere volui*»,[16] dijo Escévola a Porsena cuando lo capturaron tras haber fracasado en su tentativa de matarlo: «Soy un enemigo, y a un enemigo lo hubiera matado, pues es lo que todo hombre tiene derecho a hacer».

«*Contra publicos hostes et majestatis reos, omnis miles est*», dice Tertuliano:[17] «Contra los enemigos púbicos y los traidores a la República, todo hombre es un soldado». Las más ilustres naciones han aprobado esta opinión, tanto por sus leyes como por sus prácticas. Los griegos (como nos cuenta Jenofonte), que no permitían que los asesinos entraran en sus templos, habían erigido estatuas en esos mismos templos para honrar a quienes hubiesen matado a algún tirano, pues estimaban adecuado colocar entre sus dioses a sus libertadores. Cicerón fue testigo ocular de los honores que se concedían a tales hombres: «*Graeci homines*»,[18] etc. «Los griegos —dice— conceden honores divinos a quienes matan a

---

16   Tito Livio, *Ab Urbe Condita*, libro II, cap. 12.

17   *Apologia ad gentes* [Apología contra los gentiles en defensa de los cristianos], 2, 8-9.

18   *Pro Milone* [Discurso en defensa de Tito Annio Milón], 80.

los tiranos. ¡Las cosas que he visto en Atenas y en otras ciudades griegas! ¡Con qué religión se recompensa a semejantes hombres! ¡Qué cantos! ¡Qué elegías! ¡Con ellos los consagran a la inmortalidad y poco menos que los deifican!». En Atenas, bajo la ley de Solón, no solo se decretaba la pena de muerte contra el tirano que oprimía al Estado, sino también contra todos aquellos que hubiesen aceptado algún cargo u ocupado algún puesto mientras estuvo vigente la tiranía. Y Platón nos cuenta cuál era el procedimiento habitual al que sometían a los tiranos en Grecia. Si el tirano no puede ser depuesto acusándolo ante los ciudadanos, dice, entonces lo despachan mediante prácticas secretas.

Entre los romanos, la ley valeria era «*Si quis injussu populi*», etc.: cualquiera estaba legitimado para matar a quien asumiese una magistratura sin el mandato del pueblo. Plutarco hace esta ley aún más severa, «*ut injudicatum occidere eum liceret qui dominatum concupisceret*»: que era conforme a dicha ley matar, antes de someterlo a juicio, a cualquiera que hubiera querido aspirar a la tiranía. Del mismo modo, la ley consular que se aprobó tras la abolición del decenvirato legitimaba matar a cualquier hombre que se dedicase a crear magistraturas *sine provocatione*, etc.: sin referencia ni apelación al pueblo. Por estas leyes y por los incontables testimonios de los autores, podemos afirmar que los romanos, junto con el resto de su filosofía, habían aprendido de los griegos cuál era el natural remedio contra los tiranos. Tampoco honraron menos a quienes osaban aplicarlo; quienes, como dice Polibio al hablar de las conspiraciones contra los tiranos, no eran «*deterrimi civium, sed generosissimi quique, et maximi animi*»:[19] no eran los más malvados ni los peores ciudadanos, sino por el contrario los más generosos y de mayor virtud. Así eran la mayoría de los que conspiraron contra Julio César, quien pensó que Bruto era merecedor de sucederlo en el imperio del mundo; y Cicerón, que ostentaba el título de *pater patriae*, si bien ignoraba el propósito de los conjurados, no por ello dejó de vanagloriarse de que se lo contase entre sus filas. «*Quae enim res unquam*»,[20] etc.: «Porque ¿qué hecho más grande se ejecutó, ¡oh, Júpiter?, no solo en esta ciudad, sino en toda la tierra? ¿Qué otro fue más glorioso y más digno de encomendarse a la sempiterna memoria de los hombres? ¿Me encierras en compañía de los principales autores de esta gloriosa acción, como dentro del caballo de Troya?». En el mismo lugar nos

---

19 Cit. también en John Milton, *Defensio pro Populo Anglicano* (1651), cap. v, que es sin duda una de las principales fuentes de Sexby. En *Prose Works / Poetical Works*, Londres: Westley & Davis, 1834, p. 681.

20 *Philippicae* [Filípicas] 2, 32. Cit. en Milton, op. cit., p. 682.

cuenta lo que pensaban del hecho todos los romanos virtuosos, así como él mismo: «*Omnes boni, quantum in ipsis fuit, Caesarem occiderunt; aliis consilium, aliis animus, aliis occasio defuit, voluntas nemini*»,[21] «todos los buenos —dice— en cuanto estuvo de su parte mataron a César. Faltoles a unos los medios, el valor a otros, la ocasión a muchos; la voluntad, a ninguno».

Mas aún no hemos mostrado toda la extensión de su severidad contra los tiranos. Los romanos los exponían tanto a la astucia como a la fuerza y no les otorgaban ninguna seguridad en los juramentos ni en los pactos, con el fin de que ni la ley ni la religión pudieran defender a quienes violaban ambas. «*Cum tyranno Romanis nulla fides, nulla juris jurandi religio*»,[22] dice Bruto en Apiano: «Los romanos piensan que, con un tirano, no hay que observar ni la fe ni la religión de un juramento». Séneca nos ofrece la razón: «*quia quicquid erat, quo mihi cohaereret*»,[23] etc.: fueran cuales fueran las obligaciones mutuas entre nosotros, las ha disuelto al destruir las leyes de la sociedad humana. Así pues, ni quienes pensaban «*in hostem nefas*», que se puede cometer una

---

21 *Philippicae 2*, 12. Milton, ib.

22 Hugo Grocio, *De jure belli et pacis*, libro xiii, cap. xvi.

23 *De Beneficiis* [Sobre los beneficios] vii.

infamia contra un enemigo, ni quienes profesaban «*non minus juste quam fortifier arma gerere*», servirse de las armas con tanta justicia como valor, ni quienes estimaban en fin que había que guardar la fe incluso con los pérfidos, concebían que un tirano pudiera sufrir peor injusticia que la de dejarlo vivir, y aceptaban que la forma más lícita de aniquilarlo era también la más pronta. Poco importaba que fuera por la fuerza o por la astucia, pues contra las bestias feroces los hombres recurren tanto a las trampas y las redes como a la jabalina y la lanza. Mas detestaban hasta tal punto a los tiranos que algunos tomaban sus propias pasiones por opiniones y perpetraban acciones que a duras penas podían justificar moralmente. Creían que el tirano había renunciado tan plenamente a cualquier título de humanidad y cualquier forma de protección que pudieran brindarle que dejaban a su esposa sin más custodia para su castidad que la edad y la deformidad, y estimaban que lo que con ella se perpetrase no sería adulterio. Podría aportar muchos más testimonios, pues resulta más arduo elegir que hallarlos en abundancia, pero concluiré con autoridades mucho más auténticas y con algunos ejemplos que podríamos imitar con muy poco riesgo.

La misma ley de Dios decreta una muerte cierta a quien actúe con soberbia y no se someta a las decisiones de la justicia. ¿Quién puede leer esto y pensar que un tirano deba vivir? Mas ciertamente ni esta ni ninguna otra ley tendrían efecto alguno si no hubiese medios para ejecutarlas. Ahora bien, en el caso del tirano, ni proceso ni citación tienen cabida; y si solo nos atenemos a los remedios formales contra él, podemos estar seguros de que no contamos con ninguno. Hay escasa esperanza de justicia cuando el malhechor tiene el poder de condenar al juez.

Por eso el único remedio que existe contra un tirano es la daga de Aod, sin la cual todas nuestras leyes son infructuosas e inútiles. Fue ante ese Tribunal Supremo ante el que Moisés llevó al egipcio; Aod, a Eglón; Sansón, a los filisteos; Samuel a Agag; y Joyadá, a la tirana Atalía.

Consideremos con algún detalle este puñado de ejemplos y veamos si pueden aplicarse a nuestro propósito.

En primer lugar, en lo que atañe a Moisés y el egipcio, ciertamente cualquier inglés tiene tanta vocación como Moisés, y aun mayores motivos que él, para liquidar a ese egipcio que continuamente acumula nuevas cargas sobre nuestros hombros, y que sin cesar nos golpea tanto a nosotros como a nuestros camaradas. En cuanto a su vocación, no hemos leído que tuviese otra que no fuera la necesidad que acuciaba a sus hermanos para que acudiese en su ayuda. Moisés contempló las cargas de sus compañeros, y viendo que un egipcio golpeaba a un hebreo, y sabiendo que estaba fuera del alcance de cualquier otra justicia, le dio muerte.

Sin duda, esto era y es tan lícito para cualquier hombre como lo fue para Moisés, quien entonces no era más que un simple particular y que no tenía más autoridad para hacer lo que hizo que la que la ley natural otorga a cualquier ser humano: oponerse a la fuerza con la fuerza y hacer justicia donde no se halle ninguna. En cuanto a la causa de tal acción, tenemos mucho más que decir que Moisés. Él vio cómo golpeaban a un hebreo, nosotros a muchos ingleses asesinados; él fue testigo de las cargas y los golpes que llovían sobre sus hermanos, nosotros de las cargas, los encarcelamientos y la muerte de los nuestros. Ahora bien, no cabe duda de que si Moisés estaba legitimado para matar a aquel egipcio que oprimía a un solo hombre, habida cuenta de que no existía otro medio de proceder contra él por la vía ordinaria de la justicia, sería de todo punto absurdo considerar ilícito matar a aquel que oprime a toda una nación y a quien además la justicia alcanza tan poco como lo defiende.

El ejemplo de Aod nos muestra el remedio natural, y casi el único, que existe contra un tirano, y también el medio de liberar a un pueblo sometido a la esclavitud por un insolente moabita: se logra mediante plegarias y lágrimas, con la ayuda de una daga, clamando al señor, y con la mano izquierda de un Aod. La devoción y la acción son buenas compañeras. Pues tened esto por cierto: un tirano no es de ese género de demonio al que uno expulsa mediante rezos y ayunos. Y aquí las Escrituras nos enseñan qué tipo de mensaje piensa el Señor que es apropiado enviarle a un tirano: dos palmos de una daga clavados en la panza. Así pues, cualquier hombre de valía que desee ser un Eod, un libertador de su pueblo, hará cuanto esté en su mano para convertirse en su mensajero.

De igual modo podemos observar aquí y en muchos pasajes del Libro de los Jueces que, cuando los israelitas caían en la idolatría, que de entre todos los pecados es sin duda uno de los mayores, Dios todopoderoso, para equilibrar ofensa y castigo, los abandonaba siempre en manos de los tiranos, que es una de las peores plagas para los hombres.

En la historia de Sansón, resulta evidente que, cuando le negaron a su mujer y después la hicieron quemar junto a su padre, se cometieron contra él enormes injurias, aunque fueran privadas, y que él las consideró fundamento suficiente para hacer la guerra a los filisteos, aunque no fuese más que un simple particular y sus serviles compatriotas no solo no le prestaron ayuda, sino que incluso se le enfrentaron. Sansón sabía bien lo que la ley natural le permitía hacer donde otras leyes no tienen cabida y pensó que era una justificación suficiente para triturar la osamenta de los filisteos y así hacerles saber que hacía con ellos lo que ellos habían hecho con él.

Ahora bien, ¿cómo puede ser que lo que Sansón hizo legítimamente contra sus opresores no lo sea también en nuestro caso contra uno solo? ¿Son menos graves los ultrajes que sufrimos? Cada día asesinan ante nuestros ojos a nuestros parientes y amigos. ¿Podemos reparar su pérdida por otros medios? Que se los nombre y me callaré. Mas de no haberlos, sin duda será lícito emplear contra el filisteo circunciso que nos oprime las primeras armas que nuestra justa furia pueda blandir, ya sean antorchas o una quijada de asno. También nosotros nos enfrentamos a la misma oposición y las mismas cobardías que Sansón hubo de combatir, y por eso necesitamos aún más su valor y su determinación. Así como él tenía a los hombres de Judá, nosotros tenemos a los hombres de Leví, que nos gritan desde el púlpito como desde lo alto de la roca de Etam:[24] «¿Acaso no sabéis que es el filisteo el que os gobierna?». Lo cierto es que de buen grado desearían que fuera así y atarnos junto a Sansón con nuevas sogas; pero esperemos que

---

24   Jueces 15, 11.

se vuelvan como el lino y que se desprendan de nuestras manos, o que tengamos el valor de cortarlas.

Con la misma intención de tomar represalias, Samuel ajustició al tirano Agag con sus propias manos. «Como tu espada dejó a las mujeres sin hijos —dice el profeta—, así tu madre será sin hijo entre las mujeres».[25] No hay ley más natural ni más justa.

¿A cuántas madres ha dejado sin hijos por su propia ambición nuestro Agag? ¿A cuántos hijos sin padres? ¿Cuánta gente tiene motivos para hacer pedazos a ese amalequita ante los ojos del Señor? Y que sus propios parientes, y todos sus cómplices, se guarden de que a la postre no acudan muchos a vengar en sus carnes la pérdida de los suyos. Han hecho viudas a muchas mujeres y arrebatado sus hijos a muchos padres, pero al final podrían ser sus mujeres las que conocieran lo que es estar sin marido y ellos mismos perder a sus hijos. Recordémosles lo que les dice su gran apóstol Maquiavelo: que, en su combate por preservar su libertad, muchas veces los pueblos recurren a la moderación, pero que, cuando llega el momento de vindicarla, su rigor excede toda medida, del mismo modo que siempre son mucho más fieras y crueles las bestias a las que durante

---

25   1 Samuel 15, 33.

mucho tiempo se ha mantenido enjauladas y a las que después se ha soltado.

Concluyamos con el ejemplo que Joyadá nos ha legado. Durante seis años ocultó en la casa del Señor al legítimo heredero de la corona y, sin ningún género de duda, entre todos los servicios divinos que allí se celebraban, tuvo ocasión de meditar la aniquilación de la tirana que había usurpado el trono aniquilando a todos aquellos que tenían derecho a él. Joyadá no contaba con más pretexto para autorizar su acción que la equidad y la justicia del acto mismo. No pretendía haber recibido de Dios una orden inmediata, ni tampoco la autorización del Sanedrín, y por eso cualquier hombre podría haber hecho lo que hizo Joyadá, y con la misma legitimidad que él, de haber podido ejecutarlo con tanta efectividad como él lo hizo. Ahora bien, ¿qué tipo de citación recibió Atalía? ¿Ante qué tribunal de justicia fue convocada? Su juicio y su ajusticiamiento fueron uno. Sin atender a ninguna objeción, la sacaron del templo y la dejaron vivir solo el tiempo que tardaba en abandonarlo para que el lugar sagrado no quedara profanado por la sangre de una tirana, que mejor sería verter en un muladar; y así la mataron a la puerta de los establos. Y ante el palacio del rey, ese mismo Whitehall donde había hecho verter la sangre real, y que durante tanto tiempo había poseído injustamente, allí precisamente donde había cometido la mayor parte de sus crímenes, la Providencia le hizo recibir su castigo. En el último de sus versículos, este capítulo nos informa de hasta qué punto el pueblo aprobó el glorioso acto de aniquilar a una tirana: «Y todo el pueblo de la tierra se regocijó, y la ciudad estuvo en reposo, habiendo sido Atalía muerta a espada junto a la casa del rey».[26] Y para demostrar que no honraban menos que otras naciones a los autores de tales gestas, mientras vivió obedecieron a Joyadá como a un rey, y tras su muerte, por el bien que había hecho a Israel (dicen las Escrituras), lo enterraron entre los monarcas.

No he de concluir esta historia sin señalar que Joyadá ordenó que se ejecutara a cualquiera que hubiese seguido a Atalía, haciéndonos ver así lo que merecen los cómplices de los tiranos y todos aquellos que toman partido por ellos, o bien que solamente aparentan defenderlos o tolerarlos. Los consejeros de su Alteza, los miembros de su camarilla, los aghas de sus jenízaros deberían, si les place, tomar buena nota de ello, y arrepentirse a menos que quieran perecer con él. Asimismo, los capellanes y los examinadores de su Alteza, que no admiten en el ministerio a nadie que predique la libertad con el Evangelio, deberían observar, si lo juzgan adecuado, que junto a la tirana cayó también Matán, el

---

26   2 Reyes 11, 20.

sacerdote de Baal. Y en verdad nadie, salvo los sacerdotes de Baal, predica a favor de los tiranos. Y ciertamente, aquellos sacerdotes que celebren sacrificios en honor de nuestro Baal, de nuestro idolatrado magistrado, merecen que se los ahorque delante de sus púlpitos, del mismo modo que Matán cayó delante de su altar.

Llegados a este punto, podría pensar que he dicho más de lo necesario sobre la segunda cuestión, y que debería pasar a la tercera y última que propuse en mi método, mas hay un par de objeciones que me salen al encuentro. Veamos.

PRIMERA OBJECIÓN

Que estos ejemplos entresacados de las Sagradas Escrituras hablan de hombres inspirados por Dios y que, en consecuencia, contaban con una vocación y una autoridad en sus acciones a las que nosotros no podemos aspirar, de tal suerte que resultaría arriesgado para nosotros tomar sus actos por ejemplos, a menos que pudiéramos alegar sus mismas justificaciones.

SEGUNDA OBJECIÓN

La otra objeción es que, puesto que hoy no existe oposición alguna al gobierno de su Majestad y que las gentes continúan con sus comercios y profesiones dentro y fuera del país, sirviéndose de las leyes y apelando a los tribunales de su Majestad, todo permite concluir que el pueblo otorga su tácito consentimiento al gobierno, y que por ello este ha de suponerse legítimo y la obediencia del pueblo, voluntaria.

PRIMERA SOLUCIÓN

A la primera respondo, con el docto Milton, que si Dios ordenó esas cosas, ello es signo de que son lícitas y encomiables. Mas en segundo lugar, y como ya señalé en mi relato de estos ejemplos, ni Sansón ni Samuel alegaron nunca otra causa o motivo de lo que hicieron que no fueran el talión y la aparente justicia de sus propias acciones. Tampoco se le había aparecido Dios a Moisés en una zarza cuando mató al egipcio; ni alegó Joyadá ninguna autoridad profética ni ninguna otra vocación para hacer lo que hizo, salvo esa común a todos los hombres que les invita a realizar las acciones de justicia que están a su alcance cuando se interrumpe el curso ordinario de la justicia.

SEGUNDA SOLUCIÓN

A la segunda, mi respuesta es que si el comercio y los procesos judiciales bastaran para probar el consentimiento del pueblo y otorgar a la tiranía el título de gobierno, entonces no habría habido en este mundo tiranía que se hubiese mantenido en pie más allá de un puñado de semanas. Y así, sin duda, cometeríamos un gran ultraje contra Calígula y Nerón al llamarlos tiranos, y al llamar rebeldes a los que conspiraron contra ellos; a no ser que creamos que mientras reinaron en Roma mantuvieron cerrados los negocios, y no abrieron sus templos o sus tribunales. No resultaría menos absurdo imaginar que durante los dieciocho años que Israel sirvió a Eglón, y durante los seis que reinó Atalía, los israelitas desistieron de todo comercio, y de todo proceso judicial o acto público; o bien que Aod y Joyadá fueron ambos traidores, el uno por matar a su rey y el otro a su reina.

TERCERA CUESTIÓN

Tras haber mostrado lo que es un tirano y cuáles son sus trazas y sus prácticas, me cuesta convencerme a mí mismo de la necesidad de decir algo sobre mi tercera cuestión, a saber, si deshacerse de él resulta o no ventajoso para la república, pues se me antoja que es lo mismo que preguntar si es mejor que un hombre muera, que se le saje el bubón que lo atormenta, o que se le ampute un miembro corrompido por la gangrena. No obstante, hay algunos cuya cobardía y cuya avaricia les proveen de argumentos para lo contrario, y que con gusto hacen creer al mundo que ser vil y degenerado es ser cauto y prudente, y que llaman paciencia cristiana a lo que en realidad no es más que temor servil. De ahí que no sea un defecto demostrar que, como creemos, en efecto es necesario salvar la viña de la república, si ello es posible, eliminando a ese verraco salvaje que se ha metido en ella para destruirla. Ya hemos demostrado que es lícito, queda por ver si es oportuno.

En primer lugar, ya os he dicho que vivir bajo una tiranía no es vivir en una república, sino en una gran familia compuesta por un amo y sus esclavos. «*Vir bone servorum nulla est unquam civitas*», dice un poeta antiguo: un conjunto de esclavos no constituye una ciudad. Así pues, mientras ese monstruo siga con vida, no somos miembros de una república, sino tan solo sus herramientas e instrumentos vivientes, que puede emplear como le plazca. «*Servi tua est fortuna, ratio ad te nihil*», afirma otro:[27] tu condición es la del esclavo, no debes preguntar por qué razón. No pensemos, pues, que podemos perseverar en tal condición y no degenerar en los hábitos y el temperamento que les son connaturales: nuestras mentes se rebajarán tanto como nuestra fortuna y al acostumbrarnos a vivir como esclavos nos volveremos incapaces de ser otra cosa. «*Etiam fera animalia*

---

27   Filo, citado por Grocio en *De jure belli et pacis*, libro II, cap. XXVI.

si clausa teneas virtutis obliviscuntur»,[28] dice Tácito: hasta las criaturas más fieras pierden su valor cuando se las mantiene atadas durante mucho tiempo. Y Sir Francis Bacon dice que ni la bendición de Isacar ni la de Judá caen sobre un pueblo que se pliega como un borrico bajo un fardo y tiene al mismo tiempo un corazón de león.[29] Y no es de extrañar si, junto con su valor, pierde también su fortuna, como el efecto acompaña a su causa, ni que actúen con tanta ignominia fuera de su país como la que sufren dentro de él. Maquiavelo ya observó que los ejércitos romanos siempre resultaron victoriosos bajo el mandato de los cónsules, mientras que no prosperaron en absoluto durante el tiempo que estuvieron sometidos a la tiranía del decenvirato. Y ciertamente el pueblo tiene escasos motivos para luchar cuando se trata de lograr una victoria contra sí mismo, y cuando todo éxito no es más que una confirmación de su esclavitud y un nuevo eslabón en su cadena.

Mas no solo perderemos nuestro valor, el cual es una virtud inútil e insegura bajo una tiranía, sino que,

---

28   *Historiae* [Las historias] LXIII.

29   Cf. Francis Bacon, *Essay of the True Greatness of Kingdoms and Estates*, en *Bacon's Essays*, Cambridge University Press, 1931, p. 88.

siguiendo el ejemplo de nuestro amo, poco a poco nos volveremos pérfidos, mentirosos, irreligiosos, aduladores, y todo lo que hay de vil e infame en la naturaleza humana. Veamos el grado que ya hemos alcanzado. ¿Puede reconocerse algún juramento tan bien fundado en los vínculos religiosos que se halle a salvo de cualquier excusa para romperlo cuando la ganancia o el peligro nos persuaden de ello? ¿Nos acordamos de nuestros compromisos? Y en caso de que los recordemos, ¿acaso nos avergüenza incumplirlos? ¿Es que alguien puede calibrar con temple lo que profesábamos cuando contempla lo que hacemos con tanta vileza y lo que soportamos con tanta mansedumbre? ¿Qué resta de nobleza en nosotros, salvo el nombre, el lujo y el vicio que les son propios? Los pobres desgraciados que hoy ostentan ese título están tan lejos de poseer alguna de las virtudes que deberían adornarlo, y de hecho otorgárselo, que ni siquiera dan muestra de los generosos vicios que acompañan a la grandeza: han perdido toda ambición y toda indignación. En cuanto a nuestros pastores, ¿qué les queda, o qué desean incluso, de su vocación que no sean sus diezmos? ¿Cómo se las apañan estos horribles prevaricadores para hallar una justificación al cambio en sus juramentos? ¿Cómo para rastrillar las Sagradas Escrituras en busca de palabras aduladoras que después dedicar a su monstruosa Alteza? ¿Qué es la ciudad, sino una gran bestia domesticada que come y acarrea su carga, a la que nada importa quién la monta? ¿Qué es eso que llaman Parlamento más que una farsa interpretada por gentes a las que se les permite reunirse allí porque se sabe que carecen de toda virtud, tras haber excluido a todos aquellos de los que se sospechaba que tenían alguna? ¿Qué son, sino alcahuetes de la tiranía, a los que se utiliza tan solo para convencer al pueblo de que prostituya su libertad? ¿Por qué causa luchará el ejército? ¿Contra cuál no lo hará? ¿Qué son, sino jenízaros, esclavos que esclavizan a otros esclavos? ¿Qué es el pueblo en general, más que un puñado de truhanes, bufones y cobardes, dechado de molicie, vicio y servilismo? Tal es nuestro temperamento, hasta aquí nos ha traído la tiranía; y si ella continúa, la poca virtud que aún queda para abastecer a la nación se agotará completamente y su Alteza habrá concluido su trabajo de reforma. Cierto es que hasta que ese momento llegue su Alteza no puede estar a salvo: no puede aguantar la virtud porque la virtud no puede aguantarlo. El que quiera mantener la tiranía debe matar a Bruto, dice Maquiavelo. Un tirano, asevera Platón, debe deshacerse de todas las personas virtuosas o no podrá estar a salvo nunca; por eso está sometido a la triste necesidad de vivir entre gente vulgar y malvada o no vivir en absoluto.

Tampoco hemos de esperar cura alguna de nuestra paciencia. «*Ingannansi gli uomini*, dice Maquiavelo, *credendo con la umiltà vincere la superbia*»: Se engañan los hombres que creen vencer a la soberbia con la humildad.[30] Un tirano no es modesto más que cuando es débil. Es en el invierno de su fortuna cuando esta serpiente deja de morder, así que no hemos de dejarnos embaucar con la esperanza de su enmienda. Pues «*nemo umquam imperium flagitio quaesitum bonis artibus exercuit*»: jamás gobernó alguno el imperio con buenas artes si lo ganó con maldad.[31] Cuanto más vive el tirano, más crece en él su humor tiránico, afirma Platón, como esas bestias que se vuelven más malévolas cuanto más envejecen. Cada día se le presentan nuevas oportunidades que exigen nuevas bellaquerías, y se ve obligado a defender una villanía con otra villanía.

Mas supongamos que ocurre lo contrario, y que su Alteza *vi dominationis convulsus et mutatus*, se vuelve mejor por su gran fortuna (de lo cual todavía no presenta síntoma alguno). ¿Qué podría haber, no obstante,

---

30   *Discursos sobre la primera década de Tito Livio*, xiv, Obras completas, Barcelona: Vergara, 1974, p. 545. Traducción de Juan A. Larraya.

31   Tácito, *Las historias*, Madrid: Imprenta Real, 1794, p. 36. Traducción de Carlos Coloma.

más lamentable que no contar con mayor garantía de nuestra libertad, ni con más ley para nuestra seguridad, que la voluntad de un solo hombre, aunque fuese el más justo de los vivos? Todos tenemos dentro nuestra bestia y quienquiera que esté gobernado por un hombre sin ley, dice Aristóteles, está gobernado por un hombre y por una bestia. «*Etiam si non sit molestus dominus tamen est miserrimum posse, si velit*», dice Cicerón: aunque el amo no sea cruel, puede serlo si quiere.[32] Si es bueno, también lo fue Nerón durante cinco años, pero ¿cómo podemos estar seguros de que no cambiará? Además, podemos tener por cierto que el poder que se le concede a un hombre bueno, también puede ser reivindicado y tomado por uno malo; de ahí que los buenos príncipes acostumbraran a recortar su propio poder, no tanto porque desconfiasen de sí mismos cuanto porque temían a sus sucesores, pues no podían dejar el bienestar de sus pueblos al albur de la incierta probidad de aquellos. Un poder ilimitado no debe, pues, ser confiado a nadie; bien porque, si de entrada no es un tirano, por lo común llegará a serlo; bien porque, aunque se sirva de él modestamente, nada puede asegurar que otros también lo harán; y por consiguiente, a César Augusto no

---

32   *Filípicas*, 8, 12, Barcelona: Planeta, 1994, p. 135. Traducción de Juan Bautista Calvo.

se le debía conceder mayor poder que el que habría de tener Tiberio. Y la moderación de Cicerón fue tal que él mismo quiso que se le prestara confianza con ciertas reservas, pues otros habría —pensaba— que también serían cónsules igual que él.

Pero antes de ahondar aún más en este asunto, como si tal cosa fuera necesaria para tratar de rescatar el honor, la virtud y la libertad de nuestra nación, responderé a algunas objeciones que se me han ocurrido. Lo haré muy brevemente.

Me topo con algunos que defienden la extraña opinión de que sería un acto generoso y noble matar a su Alteza en el campo de batalla, pero que hacerlo en el ámbito privado sería algo ilícito. Yo no veo la razón. Es como si no fuera generoso aprehender a un ladrón hasta que no hubiese sacado su espada y se hubiera puesto en guardia para defenderse y darnos muerte. Mas tales gentes no contemplan que cualquiera que esté durante algún tiempo en posesión del poder con toda seguridad implicará a todos los que pueda en sus crímenes o en sus beneficios, o en ambos, de modo que expulsarlo a la fuerza acarreará el riesgo de arruinar por completo a la República. Los tiranos son demonios que desgarran el cuerpo del poseso al exorcizarlo; y son todos de la estirpe de Calígula, pues si pudieran harían que toda la naturaleza pereciese con ellos. Se trata de una opinión que no merece otra refutación que su manifiesto sin-sentido, pensar que me sería lícito eliminar a un tirano con riesgos, sangre y confusión, pero no sin ellos.

Otra objeción, y más común, es el temor a lo que podría suceder de deponer a su Alteza. Dan ganas de pensar que el mundo está hechizado. He caído a una zanja, donde pereceré sin duda si me quedo en ella, pero rehúso que me ayuden a salir por temor a caer en otra. Sufro una calamidad cierta por miedo a otra contingente y dejo que la enfermedad me mate porque existe riesgo en la cura. ¿No es una política ridícula *ne moriare, mori*, morir por no morir?[33] Es sin duda un delirio no desear un cambio cuando estamos seguros de que no podemos hallarnos en situación peor; «*et non incurrere in pericula, ubi quiescenti paria metuuntur*»:[34] y no incurrir en el peligro cuando encontramos en el reposo el mismo peligro y las mismas calamidades.

HASTA AQUÍ he estado hablando para todos los ingle-ses en general. Ahora dirijo mi discurso en particular

---

33   Marco Valerio Marcial, *Epigramas I*, Madrid: Gredos, 2004, p. 88. Traducción de Enrique Moreno Cartelle

34   Texto levemente modificado de Séneca, *Sobre la clemencia*, XII, 5, Madrid: Tecnos, 1988, p. 34. Traducción de Carmen Codoñer.

a aquellos que sin duda merecen con mayor motivo tal nombre: nosotros mismos, que, aunque sin fortuna, hemos luchado por nuestras libertades bajo este tirano; y que al final, engañados por sus juramentos y sus lágrimas, no hemos comprado más que nuestra esclavitud al precio de nuestra sangre. A nosotros en particular corresponde llevar a ese monstruo ante la justicia, pues a nosotros ha convertido en los instrumentos de su villanía y en los partícipes de la maldición y el aborrecimiento que le debe toda gente de bien. Otros solo han de vindicar su libertad; nosotros, nuestra libertad y nuestro honor. Nos comprometimos con el pueblo con él y por él, y con razón el pueblo aguarda que nuestras manos satisfagan el castigo, puesto que no puede esperarlo de los tribunales. Lo que el pueblo soporta hoy y lo que la posteridad habrá de sufrir mañana solo a nosotros habrá de reprochársenos, pues solo nosotros, por debajo de Dios, tenemos el poder de bajar a este Dagón[35] del pedestal al que lo hemos aupado. Y si no lo hacemos toda la humanidad estimará que aprobamos todas las villanías que ha perpetrado hasta hoy y que somos autores de las que vendrán en el futuro. Nosotros, que no pudimos soportar a un rey que intentó ser un tirano,

---

35   En la Biblia, dios de los filisteos y símbolo de la idolatría. Vid. Samuel 5, 1-5.

¿sufriremos sin embargo a un tirano declarado? Nosotros, que nos resistimos al león que nos atacaba, ¿habremos de someternos al lobo que nos devora? Si no se puede hallar un remedio, tenemos motivos para exclamar: *Utinam te potius (Carole) retinuissemus quam hunc habuissemus, non quod ulla sit optanda servitus, sed quod ex dignitate domini minus turpis est conditio servis*: hubiéramos preferido soportarte, oh Carlos, antes que haber sido sometidos a este cruel tirano, no porque deseemos ningún tipo de esclavitud, sino porque la calidad del amo en cierta medida honra la condición del esclavo.

Mas si consideramos correctamente lo que nuestro deber, nuestros compromisos y nuestro honor exigen de nosotros, veremos que nuestra seguridad y nuestro interés nos obligan a ello, y que es un atentado tanto contra la discreción como contra la virtud que dejemos con vida a esta víbora. Pues, en primer lugar, él sabe muy bien que solo nosotros tenemos poder para dañarle, y en consecuencia hará cuanto esté en su mano para ponerse a salvo: es consciente de lo falsa y pérfidamente que nos ha tratado, y por eso siempre temerá nuestra venganza, que sabe que se tiene muy bien merecida.

Pero además conoce nuestros principios y sabe que se oponen frontalmente a ese poder arbitrario con el que debe gobernar, y por lo tanto puede atinadamente sospechar que nosotros, que ya hemos arriesgado nuestra vida contra la tiranía, siempre tendremos la voluntad de hacerlo de nuevo cuando la oportunidad se presente.

Estas consideraciones fácilmente lo persuadirán de protegerse de nosotros, si no lo impedimos y nos protegemos antes de él. En su devocionario puede leerse «*chi diviene patron*», etc.: «Quien pasa a ser señor de una ciudad acostumbrada a vivir libre y no la destruye, que espere ser destruido por ella».[36] Y en el mismo autor, Maquiavelo, también podemos leer, y creerle, que quienes ayudan a otro a hacerse poderoso siempre acaban arruinados por él, a menos que tengan el ingenio y el valor de ponerse a salvo.

Ahora bien, en cuanto a nuestro interés, no hemos de esperar que él confíe jamás en aquellos a los que ha provocado y herido gravemente. Se asegurará de tenernos por los suelos por temor a que seamos nosotros quienes lo derribemos. Es la regla que observan todos los tiranos cuando están en el poder: no hacer mucho uso de quienes los ayudaron a alcanzarlo; y ciertamente su interés y su seguridad radican en no hacerlo, pues aquellos que han sido causantes de su grandeza, al ser conscientes de su propio mérito, se muestran más osados con él y menos industriosos en la adulación. Piensan que todo lo que el tirano pueda hacer por

---

36 Maquiavelo, *El príncipe*, p. 46.

ellos es lo que este les debe, y aun así esperan más; y cuando sus expectativas se ven frustradas (pues es de todo punto imposible satisfacerlas), su decepción los vuelve descontentos, y su descontento peligrosos. De ahí que todos los tiranos sigan el ejemplo de Dionisio, de quien se decía que utilizaba a sus amigos del mismo modo que a sus botellas: cuando los necesitaba, los tenía a su vera; cuando no, y para que no lo molestaran y no se interpusieran en su camino, los colgaba.

Mas para concluir este escrito que ya se ha alargado en demasía, que todo hombre al que Dios haya dotado con el espíritu de la sabiduría y del valor se deje persuadir por su honor, su seguridad, su propio bien y el de su país, y ciertamente por lo que le debe a su descendencia y a toda la humanidad, y se esfuerce por todos los medios racionales por librar al mundo de esta peste. Que las otras naciones no tengan la ocasión de pensar tan mal de nosotros, como si hubiéramos decidido sentarnos tranquilamente y dejar que nos claven las orejas; o que ningún desaliento o decepción nos hagan nunca desistir de alcanzar nuestra libertad hasta que la hayamos recobrado, bien por la muerte de ese monstruo, bien por la nuestra propia. Nuestra nación no está todavía tan privada de virtud que falten entre nosotros nobles ejemplos dignos de ser imitados. El valeroso Sindercombe ha dado muestras de un alma tan grande como cualquiera de las que constituían el orgullo de la antigua Roma; y de haber vivido entonces su nombre se habría grabado junto a los de Bruto y Catón, y habría tenido sus estatuas igual que ellos.

Pero no quiero tener una opinión tan siniestra de nosotros mismos (por poca que sea la generosidad que la esclavitud nos haya dejado) como para pensar que a tamaña virtud puedan faltarle sus monumentos incluso entre nosotros. Sin duda en cada alma virtuosa hay estatuas erigidas en honor de Sindercombe. Cuandoquiera que leamos los elogios de quienes murieron por su patria, cuando admiremos esos grandes ejemplos de magnanimidad que fatigaron la crueldad de los tiranos, cuando alabemos la constancia de aquellos a los que ni los sobornos ni el terror pudieron hacer que traicionaran a sus amigos, entonces le erigiremos estatuas a Sindercombe y le grabaremos monumentos. Dondequiera que se diga todo lo que puede ser dicho de un alma grande y noble le estaremos escribiendo su merecido epitafio. Y aunque el tirano lo asfixió por temor a que el pueblo pudiera impedir que se lo asesinara abiertamente, jamás podrá ahogar su recuerdo, ni el de su propia villanía. Su veneno no fue más que un artificio pobre y vulgar para imponerse sobre aquellos que no comprenden las prácticas de los tiranos y que no están familiarizados (si es que alguno queda) con sus crueldades y sus falsedades. Conque puede, si así le place, arrancar la estaca de la tumba de Sindercombe; y si desea que el pueblo sepa cómo murió, que envíe allí los almohadones y el colchón de plumas con los que Barkstead[37] y su verdugo lo asfixiaron.

Mas para concluir, que este monstruo no piense que se halla a buen recaudo por haber asfixiado a ese gran espíritu; puede confiar en que *longus post illum sequitur ordo idem petentitum decus*. Hay una larga lista de gentes, incluso entre aquellos que engrosan sus filas, que ambicionan el título de libertadores de la patria y que saben por qué medios pueden adquirirlo. Su cama no está segura, ni tampoco lo está su mesa, y necesita otros guardias para que lo defiendan de los suyos propios. La muerte y la destrucción lo persiguen doquiera que vaya: lo acompañan como sus compañeros de viaje y a la postre se abalanzarán sobre él como hombres armados. La oscuridad se oculta en los recovecos secretos de su corazón. Un fuego aún no extinto lo consumirá; pobre del que quede en su tabernáculo. Aunque escape a las armas de hierro, una flecha de

---

37   El coronel Barkstead era entonces del alcaide de la Torre de Londres.

acero lo atravesará. Por haber oprimido y abandonado a los pobres, por haberse adueñado violentamente de una casa que él no ha construido, podemos confiar —y también él— en que esto se cumplirá antes de que transcurra mucho tiempo; pues el triunfo del malvado es muy breve y la alegría del hipócrita no dura más que un instante. Aunque se eleve hasta los cielos y su cabeza toque las nubes, su Excelencia perecerá para siempre jamás, igual que sus excrementos. Aquellos que lo hayan visto preguntarán: ¿dónde está?

... Cortés lector

Espera una o dos cuartillas más sobre este asunto si logro escapar de las manos del tirano, aunque (en el ínterin) se ciña la corona, pues ya ha puesto (furtivamente) a sus cómplices a suplicar para que la acepte.

ÍNDICE

Guy Debord

«Esa mala fama...»

[pepitas de calabaza ed.]

EN POS DEL
MILENIO

Revolucionarios milenaristas
y anarquistas místicos de la Edad Media

Norman Cohn

[p e p i t a s   e d .]